N° 98

"Pages actuelles"
1914-1916

Le Paradoxe célèbre

DE

Joseph de MAISTRE

sur la Guerre

PAR

Clément BESSE

BLOUD ET GAY, Editeurs
PARIS - BARCELONE

Le Paradoxe célèbre

DE

Joseph de MAISTRE

sur la Guerre

"Pages actuelles"
1914-1916

Le Paradoxe célèbre

DE

Joseph de MAISTRE

sur la Guerre

PAR

Clément BESSE

BLOUD & GAY
Editeurs
PARIS, 7, Place Saint-Sulpice
Calle del Bruch, 35, BARCELONE
1916

Le «Paradoxe» célèbre de Joseph de Maistre, sur la guerre

CHAPITRE PREMIER

Comment le *Paradoxe* était apprécié chez nous, avant la guerre.

Ce ne sera pas calomnier nos meilleurs écrivains philosophes que de dire qu'avant août 1914 ils étaient peu à prôner les bienfaits d'une *guerre purificatrice*. La question pourtant ne laissait personne indifférent. Elle était discutée de tous côtés. Les deux Conférences de La Haye l'avaient, comme on dit, mise à l'ordre du jour. Seulement, dans ce grave concert, il n'y avait qu'une voix pour maudire les illuminés, qui trouvent aux douleurs de la guerre, un sens expiatoire et une « valeur de vie ».

Joseph de Maistre, le prestigieux et paradoxal auteur qui a tiré de cette doctrine le parti que l'on sait, était particulièrement maltraité. — Ch. Richet, appelait sa thèse « une pochade » (1). Le professeur A. Chénon, catholique notoire, y voyait une amorce à certaines doctrines anticléricales *par réaction* (2). Les plus zélés pour la réputation du grand écrivain passaient sous si-

(1) *Le Passé et l'Avenir de la guerre*, p. 94.
(2) *Les Catholiques et la Paix*, p. 2.

lence ces pages intempérantes. Quelques théologiens protestaient avec humeur contre leur esprit.

Le théoricien des pacifistes « chez nous, M. A. Vanderpol, allait jusqu'à nier que la thèse fût vraiment de Jos. de Maistre. « L'auteur des *Soirées*, écrivait il, a mis cette doctrine dans la bouche d'un de ses amis, le *Sénateur*, sans partager, pour autant cette manière de voir... C'est *frauduleusement* que l'on cherche à faire croire qu'elles sont l'expression de la pensée de J. de Maistre lui-même. » (*Le Pacifisme chrétien*, p. 61).

Assez pauvre faux-fuyant qui n'eût pas flatté le Comte, — et qui ne convaincra personne. J. de Maistre est revenu sans cesse sur cette question de la guerre, d'abord dans ses *Considérations sur la France*, puis dans son *Eclaircissement sur les Sacrifices*. Sa *correspondance* montre aussi qu'il est obsédé de ces vües (1). Or, partout, il confirme l'essentiel de sa thèse. Tout au plus peut-on dire qu'il a profité des facilités du dialogue, et de l'artifice de la mise en scène pour en corser l'expression. C'est ainsi que Platon procède. Ainsi Malebranche. J. de Maistre qui compose avec un soin et un souci d'art évidents, n'a pas manqué de suivre cette tradition.

J'ajoute que M. Vanderpol n'était pas tout à fait sûr de lui dans cette discussion, visiblement tendancieuse, car à la fin il cherchait une autre issue.

« Il ne faut pas oublier, concluait-il, que J. de Maistre n'est ni un *Père de l'Eglise*. *ni un*

(1) Dans la *Correspondance*, voyez notamment les longues relations du comte de Front sur la campagne de Russie.

Saint. » — Pourquoi l'insinuer si la thèse de la divinité de la Guerre n'est pas de lui ?

Bref, ou l'on discréditait le fond du système, ou l'on convenait de le prendre pour une bravade sans conséquence.

C'est qu'il s'agissait moins de vérifier des doctrines sur la guerre, que d'écarter la guerre.

La philosophie laïque et la philosophie chrétienne faisaient assaut d'arguments pour nous préserver de l'esprit belliqueux... Et avec quelle précision, quelle vision concrète des choses, selon le goût scientifique de l'époque, on procédait. Pas de déclamation. Pas de rêvasserie. Nos esprits, saturés de criticisme, ne se seraient pas contentés de raisonnettes d'un abbé de Saint-Pierre, ou des aphorismes d'un Kant sur « la paix perpétuelle ». On voulait un groupement de preuves, quelques séries de documents indiscutables, tout un laboratoire de faits positifs, avec graphiques évocateurs. On le voulait, et on l'avait.

Du côté laïque, rien de plus ingénieux et persuasif que l'enquête menée par des savants tels que Novicow dans *Luttes entre Sociétés humaines* (1893), Ch. Richet dans *Le Passé de la guerre et l'Avenir de la paix* (1907) Jean Lagorgette dans *Le Rôle de la guerre* (1906), Th. Ruyssen dans *La Philosophie de la paix* (1910), de Lapouge dans *Sélection sociale*, de Norman Angel dans *La Grande Illusion* (1910).

Devant le réseau barbelé de leur argumentation, les objections en faveur de la guerre tombaient à plat.

Par exemple, ces savants expliquaient péremptoirement que la guerre n'est pas seulement un crime inexpiable, mais « une erreur » et un « faux calcul » des gouvernants, que la psychologie du temps de guerre est « un retour à la bestialité primitive », que notre moralité ne peut que « s'y adultérer », et notre intelligence « s'y abêtir », que les résultats économiques d'une guerre mondiale « seraient déplorables » et les résultats financiers « plus qu'affligeants ». A ceux qui leur opposaient la loi biologique, πὸλεγοσ μητὴρ πάντων, ils répondaient que l'humanité comme facteur de progrès a trouvé mieux : c'est l'*organisation.* A ceux qui vantaient les énergies multipliées que la guerre met en jeu ils opposaient le travail sain, la lutte des intérêts, la concurrence toujours plus vive et plus tendue des compétences, en un mot une activité normale d'hommes libres.

Du côté chrétien, la querelle s'élargissait de toute l'ampleur morale que donne à nos penseurs le respect habituel des choses de la conscience. On y traitait surtout de la légitimité de la guerre. Un droit violé, la justice offensée, des injures publiques faites à l'autorité régulièrement constituée, une injuste agression ; y avait-il là un motif suffisant pour prendre les armes ? Oui ; mais seulement lorsque tout cela revêtait une exceptionnelle gravité. La guerre est un pis-aller. Toute autre solution, qui sauvegarde le droit et la dignité d'une nation, lui est préférable... D'ailleurs, si la guerre éclate, le but proposé fixe strictement sa limite. C'est une opération de justice. Quand justice est faite, la guerre doit finir. Toute visée oblique de conquête est condamnée... Enfin, même au plus fort des représailles qu'elle déchaîne, la guerre doit être tempérée par la charité chrétienne, dont le *Droit des gens moderne* rappelle quelques-unes des obligations positives.

Ainsi dissertaient, avec sagesse et mesure, les théologiens et les juristes français les plus qualifiés : Emile Chénon, l'abbé Tanquerey, Frédéric Duval, L. Roland, le R. P. Hedde, etc. Leur doctrine était traditionnelle, toute inspirée de saint Augustin, de saint Thomas d'Aquin, et de Suarez. Elle fixait la position de l'Eglise, en cas d'un conflit européen. Mais elle était aussi, comme la thèse laïque, un antidote contre le zèle militariste, dont une partie de la société faisait montre, et dont l'autre était obsédée.

⁂

Comment un tel état d'âme avait-il pu se former sous l'œil satisfait de l'Allemagne, c'est ce qu'il est difficile de dire.

On ne permettra à personne de douter du patriotisme de nobles et généreux esprits, tout pleins de pitié préventive pour l'Europe, la veille de la catastrophe. Je croirais plutôt, quelque invraisemblable que cela nous paraisse aujourd'hui, que ces théoriciens se flattaient secrètement d'apaiser par de bons arguments cette Allemagne raisonneuse et chicanière, dont l'arrogance belliqueuse se dépensait en plaidoiries. Ils se dévouaient à cette tâche ingrate avec le sentiment de tenter la suprême chance de paix. Créer un courant international en faveur de l'arbitrage, et y entraîner l'Allemagne, n'était-ce pas le salut ? Si le courant était assez fort, si l'encerclement pacifique de la nation réfractaire était assez complet, si l'unanimité du monde enfin parlait assez haut, est-ce que celle-ci ne serait pas amenée à revenir de sa démence ?...

Tragique souvenir ! Nous ne pouvons penser sans larmes, à cette attitude des agneaux, et à leur couplet idyllique, tandis que les loups agitaient déjà leur gueule, et hurlaient au carnage prochain.

CHAPITRE DEUXIEME

Psychologie de la guerre, d'après J. de Maistre.

Assurément, la thèse de J. de Maistre est en complet contràste avec ces lénitives exhortations.

Il a des raisons de détester la guerre, de « tonner contre elle » de tâcher « d'en dégoûter les souverains », comme il le dit. Il est de cette époque où Napoléon en a rassasié l'Europe. Et il a de plus des plaies toutes vives à panser : sa petite patrie, son souverain, toute sa caste ont été entraînés et ont disparu dans le tourbillon. A la fin il ne sait plus où il en est, ni s'il a encore un chef à servir.

Cependant, il est le philosophe de la guerre. Il la comprend, il l'explique, il la défend avec une logique passionnée.

Il n'a pas écrit une psychologie de la guerre. Ce genre ambitieux et sec n'existait pas de son temps. Mais comme il s'est mesuré trente ans avec les événements les plus graves, cela lui a fourni maintes occasions de rêver, et de noter ses rêveries. Beaucoup d'entre elles ont une couleur de psychologie.

Ici, il interrompt un récit de bataille pour lancer une réflexion générale. A propos d'un échec ou d'un succès, il explique l'œuvre de l'Eternel, et dit la réplique qu'y font les hommes. Après une bordée d'ironies il s'apaise tout à coup et énonce une petite chose courte et péremptoire, ou bien il assène au lecteur une sentence éblouissante de vérité. Tout lui est matière à dissertations. Il a écrit les unes complètement. Les autres ne sont qu'ébauchées.

Je citerai en exemple l'aphorisme connu sur « l'opinion qui gagne les batailles ». On le retrouve trois fois dans son œuvre, une fois dans les *Considérations sur la France*, une autre fois dans le VIIe Entretien, et enfin une autre encore dans la lettre 345, au Comte de Front. Chose curieuse ! C'est dans la lettre qu'elle est exprimée avec le plus de perfection.

« Les batailles se perdent presque toujours *moralement*, le véritable vainqueur comme le véritable vaincu, c'est celui qui croit l'être. Les bataillons qui avancent savent-ils qu'il y a moins de morts de leur côté ? Ceux qui reculent savent-ils qu'ils en ont davantage. La bataille d'Austerlitz, donnée en Moravie, fut perdue quatre jours après à Ujhély, en Hongrie, sur quatre feuilles de papier ; celles de Pultusk et d'Eylau furent bien gagnées matériellement dans toute la force du terme. Des causes purement morales annulèrent ces victoires complètement. Et précédemment, à Marengo, n'avait-on pas eu l'ineffable talent de perdre une bataille gagnée ?

Autre exemple. Il considère que l'orgueil est le vrai bourreau des peuples. « A la place de tous ces grands ministres qui, depuis vingt ans, jouent au plus rusé sur la scène du monde, imaginez des Frères Capucins qui auraient enseigné à soigner son bien, et à respecter celui des autres. L'univers serait en paix. Et tout souverain maître chez lui » (Lettre 351).

***

Mais ce qui l'émeut et l'inspire surtout, c'est l'âme du soldat. Ici la dissertation est ample et bien menée. L'auteur développe l'analyse avec une curiosité aiguë et fervente.

« Il y a dans l'homme, dit-il, malgré son immense dégradation, un élément d'amour qui le porte vers ses semblables : la compassion lui est aussi naturelle que la respiration. Par quelle magie inconcevable est-il toujours prêt, au premier coup de tambour, à se dépouiller de ce caractère sacré pour s'en aller sans résistance, souvent même avec une certaine allégresse, mettre en pièces sur le champ de bataille son frère qui ne l'a jamais offensé, et qui s'avance de son côté, pour lui faire subir le même sort, s'il le peut ?... Lorsqu'il est de sang-froid, il lui en coûte pour tuer une poule. Hier encore, jeune homme aimable élevé dans l'horreur de la violence et du sang, il se serait trouvé mal s'il avait écrasé par hasard le canari de sa sœur: demain vous le verrez monter sur un monceau de cadavres *pour voir de plus loin*, comme disait Charron. Le sang qui ruisselle de toutes parts ne fera que l'animer à répandre le sien et celui des autres ; il s'enflammera par degrés, et il en viendra à l'enthousiasme du carnage. »

A cette antithèse Joseph de Maistre en ajoute d'autres. Il note par exemple que le métier de la guerre ne tend nullement à abaisser, à rendre féroce et dur celui qui l'exerce. Au milieu du sang qu'il fait couler, il est humain « comme l'épouse est chaste dans les transports de l'amour ». Dès qu'il a remis l'épée au fourreau, la « sainte humanité » reprend ses droits, et peut-être que les sentiments les plus généreux et les plus exaltés se trouvent chez les militaires.

C'est surtout chez le soldat français que l'on trouve ce mélange de délicatesse et de force. Et cela est une tradition chrétienne en France. « L'esprit divin qui s'est particulièrement reposé sur ce beau pays y a adouci jusqu'aux fléaux de la justice éternelle. » Les guerres du grand siècle marqueront sous ce rapport dans les annales de l'Univers. « On se tuait sans doute, on brûlait, on ravageait, on commettait des crimes inutiles ; mais cependant on était retenu par je ne sais quelle modération impérieuse : on commençait la guerre au mois de mai ; on la terminait au mois de décembre ; on dormait sous la toile ; le soldat seul combattait le soldat ; tout ce qui était faible était sacré ; la bombe dans les airs évitait le palais des rois, les églises ; toutes les victimes vivantes étaient recueillies, traitées, consolées. » — Après le combat, lorsque « la rage prescrite » s'est apaisée chez le vrai guerrier, les égards mutuels, l'accent de la pitié, les formules de courtoisie redeviennent naturels. « Les danses, les spectacles servent d'intermèdes au combat. »

En un mot, ces soldats s'apparentent aux admirables types de l'épopée chevaleresque. Il y a chez eux un irrésistible attrait pour la « prouesse » antique. A nos pères on disait : *Soyez preux*, et, par ce mot on entendait leur recommander le courage réglé et harmonieux, la réserve et la mesure dans l'usage de la force, le respect scrupuleux de l'honneur. Cette perfection de chevalerie a laissé sa trace. J. de Maistre l'a reconnue et l'a saluée.

Autre trait : « Ne sait-on pas aussi que la religion, chez le guerrier, se marie à l'honneur d'une manière remarquable°? La vertu, la piété s'allient très bien avec le courage militaire ; loin d'affaiblir le soldat, elles l'exaltent. Le cilice de saint Louis ne le gênait point sous sa cuirasse. »

En cela encore les images qui s'offrent à notre auteur sont d'ordre chevaleresque. Cet alliage est celui du moyen âge. On y avait une foi d'action et de pratique, toute sincère, une foi de dé-
et le beau lyrisme des coups d'estoc et de taille...
vouement à l'Eglise et à Dieu. Ce *Credo* sommaire était défendu avec une conviction absolue, — C'est toujours de cette manière que les soldats croient en Dieu.

Enfin dans le commerce ordinaire de la vie, les militaires sont plus aimables, plus faciles et souvent même plus obligeants que les autres hommes. Leur droiture en affaires est proverbiale. Le grognard n'est pas toujours un reître. Il rappelle plutôt le portrait classique du bourru bienfaisant. Avec le ton rude et les allures pesantes, il a l'aspect cordial et ingénu. Il est bon homme. Sa gaieté « se nuance d'affection et d'estime ». On en voit qui ont « l'âme d'un petit enfant ».

Tel est ce meurtrier bonasse, ce tueur d'hommes, ami des hommes.

Avec cela il recherche et trouve la gloire dans sa besogne d'assassin. Il sait qu'il sera honoré dans la proportion où il aura tué. S'il tue sans mesure, il sera honoré sans mesure. *C'est le héros*. Et Joseph de Maistre se le représente dans le rayonnement de l'apothéose. « Car les héros ont bien mérité de 'humanité, comme les *fondateurs* de cités, et les grands *législateurs* de peuples. »

⁂

Ces premières notes de psychologie sont-elles exactes ? La guerre actuelle nous aide à nous en rendre compte.

Nous avons été saisis, depuis deux ans, d'une admiration humble et tendre pour le soldat. La conversation courante est pleine de mots qui trahissent ce respect. Et la presse socialiste, elle-même, au rebours de ce qu'elle proclamait avant la guerre, n'est pas la moins empressée à étaler sa nouvelle dévotion... Or, il arrive précisément que c'est par le côté moral que le soldat s'est relevé à nos yeux. Impétueux, téméraire, curieux, débrouillard, endurant jusqu'au miracle, dédaigneux de la mitraille, il est surtout foncièrement généreux. Par là il diffère des types qu'une copieuse littérature a tracés. Il n'a rien du matamore ou du *miles gloriosus*. Ce n'est pas le bravache suffisant ou le spadassin provocateur. Encore moins est-ce le déchet social, la demi-brute servile et perverse, que l'on nous dépeignait comme étant la victime du militarisme. C'est un homme grave, absolument conscient — ici, le mot est à sa mesure — qui lutte en beauté et s'immole sans plainte.

Les chocs répétés de la bataille ont peut-être amorti quelque peu ses facultés d'émotion. — Et encore cela n'est vrai que de l'émotion physique, du frémissement de la chair. Car l'âme au contraire a chez elle d'irrépressibles mouvements qui sont de la plus noble qualité. Un de nos braves écrit : « J'ai vu des cadavres en décomposition, d'autres aux yeux ouverts et qui semblaient me regarder, j'ai vu les blessures les plus horribles, des jambes coupées par des éclats d'obus et baignant dans des mares de sang ; j'ai enjambé des cadavres, ça ne me fait plus rien. Mais des récits émouvants, des paroles patriotiques, une action d'clat, un élan de pitié me font dresser les cheveux, et pleurer (1). »

Notez aussi que notre soldat est fraternel. Il secourt son officier blessé près de lui, il va sous le feu ramasser un camarade qui l'appelle. Au repos, s'il est mieux approvisionné que les autres, il partage de bonne grâce le contenu de sa musette. Il blague encore, il persifle, mais c'est pour égayer la compagnie, ce qui n'est pas, dans cet enfer, une petite aumône.

... En somme, on cherche en vain chez lui ces disgrâces et ces tares, dont on nous fatiguait les oreilles en temps de paix.

***

Voilà un premier avantage que Joseph de Maistre a sur les réalistes, qui ont fait de la psychologie militaire. Les détails de ceux-ci ont relevés dans le train-train des habitudes du soldat,

(1) *Un soldat sans peur et sans reproche.* Pages choisies d'André Cornet-Auquier, capitaine à 27 ans, chevalier de la Légion d'honneur. Mort pour la France à 28 ans.

à la chambrée, au corps de garde, à l'infirmerie, dans la rue, à l'exercice, les ont aidés à écrire des monographies à coup sûr objectives. « Mais ce n'est jamais par l'exactitude des détails que l'on obtient la ressemblance de l'ensemble, dit Anatole France (1). C'est au contraire par une vue juste et supérieure de l'ensemble, que l'on parvient à l'entente exacte des parties. » A ce compte, Joseph de Maistre, qui ne voit, dans le troupier, que ce qui compte, vaut mieux que les analystes qui l'étudient au microscope. On concédera qu'il avait assez de talent pour peindre en termes expressifs les humilités de la vie de garnison si cela lui avait plu. Il a préféré saisir son homme dans le feu de l'action, au moment où le soldat, non le valet d'armée, se révèle. Il l'a campé dans l'arène, où celui-ci fixe ses destinées et celles de la patrie. Cela, évidemment, devait soustraire le jeune héros aux suggestions inférieures et aux basses convoitises. Cet homme *se donne*, dirons-nous, il ne peut être que grand.

Cependant, tout soldat qui se bat n'est pas fatalement un homme délicat, en proie à quelque sentiment exalté et généreux. On voit assez, dans la guerre, d'actes de banditisme, de viols, de pillages, de sadiques cruautés, qui démentent apparamment ce portrait flatteur. Mais Joseph de Maistre nous en donne la raison : « Il y a des guerres qui avilissent les nations, et les avilissent pour des siècles ; ce sont des guerres vicieuses, des guerres de malédictions, que la conscience reconnaît bien mieux que le raisonnement : les nations en sont blessés à mort, et dans

(1) Voyez dans la *Vie Littéraire*, d'Anatole France, I, p. 79, son Etude sur le *Cavalier Miserey*.

leur puissance, et dans leur caractère. » Nous revenons par là à notre point de départ. Donnez un but moral à la guerre, et ce but soutiendra l'effort des combattants, il gouvernera de haut leurs actions. Ne leur donnez pour but que l'enrichissement et la conquête, alors ce n'est pas merveille que l'armée, nourrie de ce poison, perde tout respect, toute foi, et toute pudeur.

Enfin la psychologie du héros, chez Joseph de Maistre, a aussi son intérêt. L'auteur n'y consacre que quelques pages, mais elles sont excellentes. Nous avons vraiment plaisir à les relire aujourd'hui; elles nous font du bien. Songez que ces dernières années, en même temps que les uns faisaient du soldat un être stupide, « bête comme son sabre », d'autres magnifiaient le héros, considéré comme « être de proie ». Nietzsche, donnant la réplique à Carlyle, auteur du *Culte des Héros*, vantait son Zarathoustra « qui danse sur les tristesses, comme sur les prairies ». Héros ! Héros ! Qu'étiez vous devenus, sinon une expression de la force brute, sans âme ?

Il a fallu toutes les réactions de notre sentiment français pour restaurer cette grave image. Certes l'on est même allé avec Barrès et Psichari à l'autre bout. Le héros selon Barrès est serviteur de l'*Idée*, qui gouverne souverainement toutes ses œuvres. Le même, selon Psichari, est une espèce de prêtre attaché à répandre sa foi et à faire triompher le Christ par l'obéissance à la règle militaire...

J. de Maistre, qui n'avait pas à redresser un portrait que personne ne défigurait, est resté dans le ton classique et sobre. Son héros est le *Grand Capitaine*, sur qui la Providence veille, qui est son instrument, qui crée. Il taille les empires à coups d'épée, mais il reste humain. Même il est homme du monde et grand seigneur. « Il sait parler, dit Bossuet du grand Condé, aux gens de guerre de leurs entreprises, aux courtisans de leurs intérêts, aux politiques de leurs négociations; à l'artisan de ses inventions et, enfin, aux savants de toutes sortes de ce qu'ils ont trouvé de merveilleux. » C'est l'ornement du siècle où il vit. Il embellit, il éclaire ce grand théâtre du monde où il opère ses prodiges. Que Zarathoustra ait inspiré à l'Allemagne l'emploi des gaz asphyxiants, et le torpillage des navires pleins d'inoffensifs passagers, et les raids de zeppelins sur les villes ouvertes, cela ressort de sa philosophie de l'héroïsme. Il nous plaît de penser que nos grands chefs militaires sont d'une autre étoffe. Joseph de Maistre les compare aux grands législateurs de peuples, aux fondateurs de cités. Il y voit des créateurs de vie.

CHAPITRE TROISIEME

Métaphysique de la guerre.

N'est-ce pas être métaphysicien que de se poser la question de l'intelligibilité de la guerre ?... Je suis métaphysicien quand je cherche si Dieu est intelligible, si la matière et l'âme sont explicables, si la liberté a un sens, si la connaissance est possible. De même je le suis quand je me demande si la guerre est chose humainement concevable.

La question est d'importance pour notre auteur. Et prenez garde, je vous prie, qu'en général on ne l'a pas assez remarqué. On a reproduit plus ou moins exactement ses belles stances de prose rythmée sur « la divinité de la guerre », mais sans faire suffisamment attention qu'elles sont une conclusion, non des prémisses ; que, pour en venir là, Joseph de Maistre avait dû éliminer toutes les explications rationnelles ; que cette seule issue lui restait ouverte, après qu'il eut exploré en vain toutes les autres... On l'a si peu compris dans certains cénacles philosophiques que d'aucuns ont cru trouver, dans sa thèse, un écho, mystique seulement dans la forme, du plus vieil adage matérialiste : l'homme est un animal belliqueux, il a pour la guerre un attrait invincible ; l'homicide est une fatalité de sa nature : *homo homini lupus*.

C'est une distraction de ce genre que commet

M. Faguet dans le passage suivant, qu'il donne comme « la pensée de derrière » chez l'auteur des *Soirées de Saint-Pétersbourg* : « Joseph de Maistre dit en style de théosophe ce que nous disons en style de positiviste : la guerre est divine en elle-même parce qu'elle est une loi du monde. Traduisez ainsi : la guerre est *naturelle* en soi (c'est M. Faguet qui souligne), parce qu'elle est une loi du monde (1).» Il ne manque au professeur de la Sorbonne que d'avoir lu le texte jusqu'au bout. On n'y voit pas : la guerre est une loi du monde ; mais bien : la guerre est une loi du monde *spirituel*. La différence est grande. Comment M. Faguet peut-il tirer d'une formule le contraire exactement de ce qu'elle contient ? Joseph de Maistre ne voit pas d'explication à la guerre, il la trouve « antinaturelle, et tellement cruelle, tellement inutile, tellement funeste, tellement contraire à tout ce qui est notre intérêt et notre idéal, qu'à tout prendre elle est absurde ». Et voilà justement ce qui amène M. Faguet à conclure qu'elle est « naturelle en soi ». — Désespérons de la critique.

Il est certain que le philosophe de Chambéry est exigeant sur ce qui s'appelle « expliquer la guerre ». Cette banale comparaison entre les animaux et l'homme, qui fixe immédiatement les certitudes du positiviste, est pour lui une pierre d'achoppement (2). Sans doute, la violence arme tous les êtres, bêtes et gens, *in mutua funera*. Mais la guerre revêt chez les uns et chez les autres des caractères trop divergents... Puis il y

(1) *Le Pacifisme*, p. 16.

(2) Au lieu d'étudier l'homme à la lumière de la zoologie, il étudiera plutôt la zoologie à la lumière de la théologie.

a que l'homme connaît qu'il fait la guerre, et qu'il s'y décide malgré les protestations de ses sens et de sa raison, ce qui n'est pas le cas des bêtes... Puis, il y a que l'homme transfigure cette ignominie par des spéculations qui échappent en partie au contrôle de sa conscience... Il y a encore qu'il se flatte de faire la guerre et qu'il en est flatté qu'il s'en honore et qu'il en est honoré, alors qu'elle lui fait horreur... Rien n'est plus contraire à sa nature, et rien ne lui répugne moins. — Ces étranges contradictions, d'une portée plus étrange encore, ôtent tout intérêt à la méthode analogique sur laquelle on voudrait s'appuyer, surtout lorsque, tout autour du problème, l'on voit flotter, comme un nuage, d'autres contradictions non résolues, et d'autres mystères.

Encore une fois, que cela n'arrête pas les esprits superficiels, hâtés de conclure, qui s'en étonne ? Ils négligent ou nient ce qu'ils n'entendent pas. Mais « les hommes de génie se sentent tourmentés et fascinés par ces questions qui demeurent en suspens, n'ont point de répit tant qu'ils ne les ont point expliqués » (1). Ce souci a poussé un Montaigne, un Pascal, à « démêler l'embrouillement » que révèle la nature de l'homme. Nous devons à leur enquête, menée avec une rare passion intellectuelle, quelques-unes des plus belles pages de la littérature du monde. En même temps nous leur devons cet aveu d'incompétence devant l'énigme humaine, dont Joseph de Maistre, un de leurs pairs, s'autorisera. Montaigne et Pascal, l'un avec dilettantisme, l'autre avec angoisse, désespèrent de la

(1) *La Volonté de croire*, par William James, p. 16.

solution naturelle, et ils demandent, un secours à la Foi. C'est la religion seule qui leur expliquera l'homme inexplicable. De même Joseph de Maistre, voulant rendre compte des contradictions relevées sur le chapitre de la guerre, en cherche le nœud plus haut que la nature et la société ; c'est à l'ordre spirituel qu'il se réfère.

I

On a fait semblant de se scandaliser des considérations dont il anime et colore cette explication, dès qu'il la tient. Vraiment, cela est un peu enfantin. Outre que ce ton de voyant, impétueux et truculent, lui va à merveille, celui-ci correspond à l'ampleur et au tragique des questions agitées.

« Oui, Messieurs, les fonctions du soldat sont terribles ; mais il faut qu'elles tiennent à une grande loi du monde spirituel, et l'on ne doit pas s'étonner que toutes les nations de l'univers se soient accordées à voir dans la guerre quelque chose de plus particulièrement divin que dans les autres fléaux... » Coupables mortels, et malheureux parce que nous sommes coupables ! c'est nous qui rendons nécessaires tous les maux physiques, mais surtout la guerre...

Nous savons par l'Ecriture que dans le péché de l'homme la nature entière est maudite. De là toutes les violences qui règnent dans ce vaste domaine du monde. Il est facile de suivre depuis la plante jusqu'aux animaux supérieurs l'action de la mort. Une force, à la fois cachée et palpable, se montre continuellement occupée à détruire et à tuer. Mais l'homme, le roi de la création, est le meurtrier le plus puissant.

« Il tue pour se nourrir, il tue pour se vêtir, il tue pour se parer, il tue pour attaquer, il tue pour se défendre, il tue pour s'instruire, il tue pour s'amuser, *il tue pour tuer* : maître superbe et violent, il a besoin de tout, et rien ne lui résiste. Il sait combien la tête du requin ou du cachalot lui fournira de barriques d'huile ; son épingle déliée pique sur le carton des musées l'élégant papillon ; il empaille le crocodile, il embaume le colibri. L'homme demande tout à la fois à l'agneau ses entrailles pour faire résonner sa harpe, à la baleine ses fanons pour soutenir le corset de la jeune femme, au loup sa dent pour polir les ouvrages légers de l'art, à l'éléphant ses défenses pour façonner un jouet d'enfant. Ses tables sont couvertes de cadavres. »

Mais cette loi s'arrêtera-t-elle à l'homme ? — Non, sans doute. Cet inique qui sème l'iniquité doit être atteint à son tour. Ce meurtrier qui n'épargne rien ne saurait être épargné. Habitué à donner la mort, il faut, pour que justice soit faite, qu'il la reçoive, s'il plaît à Dieu...

« Et le justicier qui exterminera celui qui les extermine tous, c'est Lui. C'est l'homme qui est chargé d'égorger l'homme. »

Là, Joseph de Maistre s'arrête et il s'attendrit de nouveau sur notre condition. Il voudrait que Dieu ait détourné ce calice de nos lèvres.

« Comment pourra-t-il accomplir la loi, lui qui est un être moral et miséricordieux ; lui qui est né pour aimer ; lui qui pleure sur les autres comme sur lui-même, qui trouve du plaisir à pleurer, et qui finit par inventer des fictions pour se faire pleurer, lui enfin à qui il a été déclaré qu'on redemandera jusqu'à la dernière goutte du sang qu'il aura versé injustement.

« Hélas ! le grand mot est lâché. C'est la GUERRE qui accomplira la loi. Au moment précis amené par les hommes, et prescrit par la justice, la guerre s'allume. L'homme, saisi tout à coup d'une fureur divine, étrangère à la haine et à la colère, s'avance sur le champ de bataille sans savoir ce qu'il veut, ni même ce qu'il fait... Rien ne résiste, rien ne peut résister à la force qui le traîne au combat ; instrument passif d'une main redoutable, il se plonge tête baissée dans l'abîme qu'il a creusé lui-même ; il donne, il reçoit la mort, sans se douter que c'est lui — par son péché — qui a fait la mort... En même temps la terre, avide de sang, ouvre la bouche pour le recevoir et le retenir dans son sein, jusqu'au moment où elle devra le rendre... La terre entière, continuellemnt imbibée de sang, n'est qu'un autel immense où tout ce qui vit doit être immolé sans fin, sans mesure, sans relâche, jusqu'à la consommation des choses, jusqu'à l'extinction du mal, jusqu'à la mort.

« L'ange exterminateur tourne comme le soleil autour de ce malheureux globe, et ne laisse respirer une nation que pour en frapper d'autres. Mais lorsque les crimes, et surtout les crimes d'un certain genre, se sont accumulés sur un point marqué, l'ange presse sans mesure son vol infatigable. Pareil à la torche ardente tournée rapidement, l'immense vitesse de son mouvement le rend présent à la fois sur tous les points de sa redoutable orbite. Il frappe au même instant tous les peuples de la terre ; d'autres fois, ministre d'une vengeance précise et infaillible, il s'acharne sur certaines nations et les baigne dans le sang. N'attendez pas qu'elles fassent aucun effort pour échapper à leur jugement ou l'abréger... Tantôt le géant s'égorge lui-même, tantôt une puissance bien inférieure jette sur son chemin un obstacle imperceptible, mais qui grandit ensuite on ne sait comment, et devient insurmontable. Alors on croit voir ces grands coupables éclairés par leur conscience, qui demandent le supplice et l'acceptent. »

« Tant qu'il restera du sang aux nations, elles viendront l'offrir de la sorte... » Car l'effusion du sang humain est voulue par la Justice et réglée par elle.

Est-ce tout ? — Non. — Selon Joseph de Maistre, nous sommes à même tout de suite de juger des « grands effets qui sortent « de cette grande cause ». Cela n'est pas une consolation à nos maux, mais c'est pour nous, en quelque sorte, *une compensation.*

D'abord lorsque l'âme humaine a perdu son ressort par la mollesse, l'incrédulité et les vices gangreneux qui suivent l'excès de civilisation, elle ne peut être retrempée que dans le sang... Le genre humain peut être considéré comme un arbre qu'une main invisible taille sans relâche, et qui gagne souvent à cette opération. A la vérité, si l'on touche le tronc, ou si l'on coupe en *tête de saule*, l'arbre peut périr ; mais qui connaît les limites pour l'arbre humain ? Les lieux communs sur la guerre ne signifient rien. Il ne faut « pas être fort habile pour savoir que plus on tue d'hommes, moins il en reste dans le moment, comme il est vrai que plus on coupe de branches moins il en reste sur l'arbre ; mais ce sont les suites de l'opération qu'il faut considérer. La taille des arbres multiplie la sève et ses énergies, la guerre multiplie les énergies d'un peuple, et renouvelle sa sève. Par la taille un arbre peut être sauvé de la décrépitude et de la mort. Par la guerre un peuple peut être régénéré ».

Voilà quelques-unes de ces « intolérables impertinences », qui ont tant soulevé de protestations.

II

Ce qui me frappe au moment où je veux en dire mon avis, c'est que, prises en détail, il y en a plusieurs qui sont unaninement reconnues comme exactes.

Par exemple, quelqu'un doute-t-il que le phénomène par lequel les hommes s'entre-égorgent soit en partie involontaire ? — Quels étaient nos mobiles d'action pendant la paix ? Ils tendaient tous à nous faire chérir la vie, à l'entourer de douceurs, à en écarter les moindres causes de trouble. Voici la guerre déclarée : nos mobiles d'action se retournent, toutes nos notions usuelles de bonheur s'évanouissent. Notre raison chancelle, notre sensibilité chavire ; un instinct puissant nous domine. Plus de calcul, plus de prudence, plus de goût à vivre. Tuer ou être tué, voilà l'alternative où viennent buter le plaisir, le devoir, l'étude, les aspirations esthétiques, les affections de famille, les places, la fortune, l'établissement des enfants, tout.

On dit que c'est la fatalité qui amène cette catastrophe. Soit : la fatalité amène le choléra et la peste ; mais dans cette supposition, une prophylaxie organisée chez les voisins et chez nous peut suspendre ces fléaux. La guerre, point.

Quelques savants croient préciser un peu mieux les choses. Lagorgette dit: « C'est une impulsivité qui nous mène (1). » Le médecin russe Pirogoff dit : « C'est une épidémie traumatique (2). » Tarde appelle la guerre une « folie grégaire » et il explique que cette maladie est en rapport étroit avec l'hérédité et la suggestion » (3). L. Mézières l'appelle « la polémomanie » (4). Novicow y voit plutôt « une perversion de l'orgueil patriotique » (5), Nicolas Marselli : une « congestion de l'activité nationale » (6), Flasch « une illusion morale, la Vengeance-devoir » (7), etc...

Ces savants tâtonnent, c'est le moins que je puisse dire. Ne pouvant déchiffrer la chose, ils l'habillent d'adjectifs. Joseph de Maistre, lui, la déchiffre. Car ce que l'on appelle instinct, poussée de la nature, crise irréfléchie, sombre fatalisme, évoque une idée directrice, agissant quelque part, dans l'inconscient. Et pour Joseph de Maistre, il n'y a d'idée directrice qu'en Dieu. Ces hommes devenus irritables, toujours sur le qui-vive, la main au pommeau du sabre, sentent qu'ils ne sont pas tout à fait libres, dites-vous ? « Ce qu'ils font, insiste Lagorgette, ils ne peuvent pas ne pas le faire. Un événement qui en réalité dépend d'eux leur paraît ne pas en dépen-

(1) Lagorgette. *Le Rôle de la guerre*, pp. 50 à 90.
(2) Dragomiroff. *Guerre et Paix*, p. 47.
(3) Tarde. *L'Opposition universelle*, p. 411.
(4) L. Mézières. *La Polémomanie*, p. 8.
(5) Novicow. *Les Luttes des sociétés humaines*, p. 429.
(6) Marselli. *Journal des Soc. Mil.*, 1882, t. I, p. 271.
(7) Flasch. *Origines*, II, p. 577.

dre, être inéluctable, prédéterminé. — Ils ne tentent rien pour l'empêcher. Et quand la guerre sévira, ils ne tenteront rien pour l'arrêter. Ils s'y entêteront contre toute logique, contre tout intérêt, le vaincu espérant encore au milieu de ses râles...» Je répète que, pour expliquer cela, l'hypothèse la plus naturelle, celle que toutes les vraisemblances environnent, c'est celle d'un téléologie, c'est-à-dire d'un décret, d'une ordonnance d'en-Haut. Si l'on maintient que la manœuvre est humaine, qu'on ne dise pas qu'elle est involontaire. Si on la fait involontaire et qu'on refuse en même temps d'y voir la main de Dieu, qu'on en dise les causes et le jeu. Ou bien que l'on renonce à l'analyser... Mais non, on fera en même temps cette chose et on ne la fera pas : on analysera la guerre sans l'expliquer. On veut avec J. de Maistre que la guerre soit inexplicable, mais on prétent que c'est cela précisément qui l'explique... Qui ne voit qu'en excluant le *Surnaturel* par ce *veto* borné et systématique, on le *ramène.*

Du reste le *Surnaturel* n'accapare pas, il n'absorbe pas la liberté humaine. Il ne s'y substitue pas. Les expressions qu'emploie là-dessus Joseph de Maistre, toujours vives et quelquefois pittoresques, ne sont pas un décalque parfait des vocables scolastiques, je le reconnais. Mais l'auteur ne s'écarte pas pour cela de la tradition. Cette théologie invoquée est celle des causes secondes, n'en doutez pas. Dieu ne veut pas la guerre d'une volonté *antécédente*. Il n'en fait pas l'objet d'un vouloir arbitraire d'expiation, prévenant le jeu des passions humaines. Ce sont elles, les passions humaines, qui déchaînent la guerre. Mais ces causes secondes se trouvent alors travailler, sans le vouloir, aux fins de la Providence ; elles exécutent ses divins arrêts.

Ainsi la guerre est commandée par la volonté, en tant que dérivée des passions, et subie par elle en tant que gouvernée par Dieu. Son économie est naturelle en un sens et surnaturelle dans l'autre. La vraie formule de la guerre est la suivante : si vous avez fait la guerre, sachez que Dieu a obtenu ce qu'il a voulu, et que l'homme a subi ce qu'il ne voulait pas *Si bellum feceris, scito Deum attigisse quod voluit et homini accidisse quod noluit.*

III

Au surplus, je me demande quelle est l'explication la moins cruelle pour notre sensibilité. A la lecture des *Soirées de Saint-Pétersbourg*, je le veux, on frissonne, on se cabre. Ce Dieu, qui « s'acharne sur certaines nations, et les baigne dans le sang », fait horreur !... Et pourtant ! Les explications de la science sont autrement révoltantes.

Selon ses postulats, l'Univers est un mécanisme rigide où tout mouvement, tout déplacement d'énergie est déterminé. La mort pas plus que la vie ne valent par soi. Un jeune héros reçoit une balle au front, il meurt. Qu'est-ce que cela dans le déterminisme universel ? C'est un conséquent, qui suit son antécédent, voilà tout.

Nos larmes, à son sujet, sont superflues. Toutes choses étant ce qu'elles sont, la mort de cet homme était inévitable. Ce meurtre fait partie d'un ordre complet de phénomènes, il en est une fraction. Je ne vois aucun moyen — si nous sommes conformes à nous-mêmes — de regretter ce qui est arrivé. La seule chose digne d'intérêt, c'est de savoir comment cela est arrivé (1). Il en est de même pour la guerre. Hormis ce qui a trait aux dimensions du phénomène, elle n'est pas un fait à part. Le sang qui coule de dix millions de blessures est le même que celui qui s'épand du talon d'Achille. Achille meurt d'une hémorragie : l'Europe aussi. Où est la différence ? La mort d'Achille s'est trouvée déterminée par l'enchaînement de certaines causes. La mort de l'Europe l'est par un autre enchaînement. Ce sont deux séries de contingences que l'on ne peut appeler ni bonnes ni mauvaises, mais seulement régulières et harmonieuses. Bien plus, dans la guerre d'aujourd'hui, l'expérience se répète dans des circonstances plus favorables ; rien n'y manque de ce qui peut la rendre décisive.

La thèse de Joseph de Maistre est-elle plus pessimiste que cette thèse scientifique ? Non vraiment. Là, point de déterminisme. Il n'arrive que ce que Dieu veut. Mais Dieu ne veut que ce qu'il faut. Il veut la guerre, il veut la paix, l'une et l'autre à l'heure qui convient. S'il permet la

(1) *La Volonté de croire*, par William James, p. 179.

guerre, c'est que tout autre remède à la folie de nos passions a échoué, et qu'il n'y a plus qu'à mettre le fer à la plaie. Si la guerre est générale, c'est que le crime était universel. Si elle est sans pitié, c'est que le péché était sans frein ; un excès appelle l'autre. Supprimez les erreurs de l'humanité, toutes les formes variées de son égoïsme, et sa recherche dans le vice ; supposez des nations pleines de justice, de sobriété, de délicatesse ; d'où viendra la guerre (1) ? Mais vous supposez toutes les licences et tous les vices, vous alimentez délibérément les sources d'orgueil, de haine, de jalousie, de luxure, de cupidité, vous vous vantez encore de l'impunité, vous vous targuez d'une ère interminable de bien-être et de jouissance. Avouez que vous donnez vous-même à Dieu les verges dont il doit vous fouetter. La réaction est en puissance dans l'action. La tempête est en fermentation dans une telle paix. La guerre éclate. Elle ne fait que mettre au jour ce que la parfaite Sagesse aurait dicté.

Mais il reste cependant que Dieu est le Maître. S'il assiste en magistrat incorruptible à l'exécution de ses justices, il y assiste aussi en Père, et en Ami. Quelques-uns parmi nous, qui ne croient pas en lui, en prennent occasion de l'invectiver et de demander, pour lui « le bagne » (2). Laissons-les à leur fureur. — La plupart heureusement raisonnent d'une autre manière. La douleur les rend sages. Dans le temps qu'ils

(1) Article de l'abbé Félix Klein : *Les Douleurs qui espèrent* dans le *Correspondant* du 10 avril 1916, p. 90.

(2) Ce mot brutal est du vocabulaire de Gavroche impie. On s'étonne de le rencontrer sur les lèvres d'Ortègue dans l'œuvre récente de Paul Bourget : *Le Sens de la Mort.* Ortègue, au lieu d'être un savant, ne serait-il qu'un cuistre

souffrent, ils apprécient mieux les valeurs qu'ils ont méprisées : l'humilité, la douceur, la patience, l'abnégation, le repentir. On voit se restaurer en eux le goût de la prière et de l'amour de Dieu, quelquefois naître un désir ardent de conversion... Pourquoi ce renversement ? — Uniquement parce que, dans cette hypothèse, le monde n'est pas livré à la nécessité. Une âme l'habite et le meut. L'homme n'est pas isolé, il peut parler à quelqu'un : comme Job il peut se plaindre et plaider, s'il a des chances de convaincre son Juge. « C'est vous, mon Dieu, qui me voyez », dit-il. Et cela l'apaise indiciblement ; tandis que le déterministe est enseveli dans une nuit profonde, impuissant à attirer la pitié ou l'attention de personne. — Autre chose est l'écrasement muet d'une sensibilité qui n'a pas de recours, autre chose est la douleur qui croit, qui sait et espère, et qui, dans un élan d'obéissance satisfactoire, peut se vouloir comme douleur. Ces deux mondes sont impénétrables. Là, l'enfer, où le patient a laissé toute espérance, ici le purgatoire, avec sa fenêtre ouverte sur le paradis.

***

J'oserai aller plus loin.

Ce Dieu qui t'accable, ô croyant, il te comprend puisqu'il t'a fait, il te pardonne sachant que tu es faible. Parce qu'il lui en coûtait de te frapper, il a accepté longtemps, sans rien dire, que tu sois son bourreau. Aujourd'hui il te frappe. Mais il est lui-même ensanglanté des coups qu'il te donne. Sans doute il t'aime infiniment pour en venir à cette extrémité. Aie pitié de la tristesse où le jettent les décrets qu'il prend contre toi. Que tu ne sentes pas tes douleurs sans les siennes... Tu sais qu'il est beaucoup plus jaloux de ton affection que de tes respects. Son cœur se fondra dans le tien, dès que, revenu de tes erreurs, tu auras accepté ton châtiment. C'est le moment de t'élever à la hauteur où il se tient, d'entrer humblement dans ses desseins, de le comprendre comme il te comprend. Alors tes espérances, moissonnées par la faux sanglante de la guerre, refleuriront en lui, incorruptibles.

O croyant, aie de la charité envers ton Dieu, et tu recevras aide et soutien dans ta peine. Pour te consoler, console-le...

IV

Mais voici le point où nos incrédules font vraiment la partie belle à Joseph de Maistre. On pourrait croire que l'amour de la paix chez des sceptiques et chez des matérialistes les a munis d'une philosophie tranquille, qui les préserve des emportements de la guerre. Point. Un bon nombre d'entre eux déclarent la guerre « salutaire ».

« Il est peut-être vrai, dit Hume, qu'une guerre perpétuelle changerait les hommes en bêtes sauvages ; mais il est plus vrai encore qu'une paix perpétuelle les changerait en bêtes de somme. » Bâcon, de son côté, avait dit : « Une longue paix amollit les courages et rompt les mœurs. Une guerre juste et honorable est, pour l'Etat, une condition de santé. » Machiavel accuse le christianisme d'avoir favorisé les idées de désarmement, d'avoir affaibli le prestige des institutions militares « dont l'absence entraînerait notre ruine ». Ernest Renan précise : « L'homme n'est soutenu que par l'effort et par la lutte. Si la sottise, la négligence, la paresse et l'imprévoyance des Etats n'avaient pour conséquence de les faire battre, il est difficile de dire à quel degré d'abaissement pourrait descendre l'espèce humaine. » Enfin, un athée, mais d'une espèce particulière, puisqu'il est en même temps métaphysicien et religieux, Proudhon parle de la guerre avec la même admiration véhémente que notre auteur : « Salut à la guerre, s'écrie-t-il, c'est par elle que l'homme, à peine sorti de la boue qui lui servit de matrice, se pose dans sa majesté et sa vaillance ; c'est sur le corps d'un ennemi abattu qu'il fait son premier rêve de gloire et d'immortalité. Ce sang versé à flots, ces carnages fratricides font horreur à notre philanthropie. J'ai peur que cette mollesse annonce le refroidissement de notre vertu... Du reste, si par impossible, la nature avait fait de l'homme un animal exclusivement industrieux et sociable, et point guerrier, il serait tombé, dès le premier jour, au niveau des bêtes ; l'humanité serait une étable (1). »

On aimerait à approfondir un peu ces considérations, et à montrer comment elles sont d'une haute moralité empruntée. Les passions antire-

(1) Je ne cite pas les auteurs allemands, les Treitschke, les von Shering, les Freytag, les Bülow, etc. Leurs idées sur la guerre, d'abord, concordent assez avec celles que je viens de rappeler, mais elles divergent bientôt, et ne tendent qu'à établir la doctrine du *droit de la force*. De plus, la guerre a trop prouvé qu'elles ne sont, chez eux, que la théorie de leurs instincts. Cela les met hors de dispute, entre civilisés.

ligieuses ont beau souiller, dénaturer même les idées justes, si celles-ci gardent une faible trace de leur contenu ancien, c'en est assez pour leur donner une valeur considérable. De même, combien d'esprits superficiels, chez qui se juxtaposent, sans qu'ils s'en doutent, deux doctrines : l'une, celle qu'ils vivent, et qui est épicurienne, l'autre, celle qu'ils professent, et qui est presque ascétique ; preuve nouvelle que notre conception de la *douleur-bienfait* a percé les siècles, et a assez comprimé les puissances de corruption pour n'être pas tout à fait absente des âmes, qui ont le moins de goût pour elle (1)...

Mais nous ne pouvons pas nous étendre là-dessus. Bornons-nous à noter que chez nous seulement les choses sont liées et se soutiennent l'une par l'autre. Il peut arriver à un sceptique de se rencontrer avec nous, d'affirmer nos conclusions sans s'appuyer sur nos prémisses. Mais alors sa doctrine est en l'air.

Dans le cas présent, toutes les raisons imaginables ne sauraient nous la montrer autrement. Un Renan comme un Bacon, ardents pacifistes au demeurant, se font forts d'expliquer l'utilité de la guerre. Sur quoi se fondent-ils ? Sur certaines conséquences pratiques de la guerre, qui se sont vérifiées, et qui, à leurs yeux, sont devenues valables ?... Sur les déceptions et sur les démentis au-devant desquels vont les peuples désarmés ?... Sur les traits d'héroïsme, les faits

(1) On trouve quelquefois à opposer le stoïcisme au christianisme sur ce chapitre de la douleur. Mais d'abord, en ce qui touche à la guerre, cela est hors de propos, les stoïciens étant pacifistes à un point qui nous choquerait. De plus, dans leur philosophie, ils font de la douleur un *néant* plutôt qu'un *bienfait*.

d'abnégation et de générosité que la guerre enfante ?... Soit ; le modèle ou le prototype de ce raisonnement, c'est l'empirisme, c'est la bonne morale de rebouteux, que d'ordinaire ces sages prisent peu. Impossible de s'y méprendre.

De plus, ne voir dans l'Univers physique ni un dessein concerté, ni un plan d'ensemble, ni une direction, ni un Directeur, et cependant dire : *ceci est bon*, *cela est mauvais*, c'est être aussi peu philosohpe que possible. Professer, comme Bacon et Machiavel, que l'on doit chercher à l'emporter par force et par ruse, et reconnaître en même temps que l'héroïsme malheureux, l'abnégation et le sacrifice de soi relèvent quelquefois un peuple et le sauvent de la ruine, c'est parler en style de *rébus*, ou bien c'est prêcher comme Balaam, qui pensait une chose en son cœur, et se sentait poussé à proclamer le contraire.

Enfin, je ne veux pas savoir si ces critiques, qui affirment l'immoralité de la nature, ne postulent pas secrètement l'ordre moral, s'ils ne font pas preuve de beaucoup de spiritualisme pour des déterministes (1), je dis seulement que leur dogmatisme est sans autorité. Il y a même quelque impudeur de leur part à nous vanter les tortures et les crucifixions de la guerre, comme remède à nos lâchetés. Ce n'est pas Renan que

(1) Ces esprits, trop engagés avec les savants pour ne pas être déterministes, trop délicats pour fausser compagnie aux spiritualistes, sont légion. Mais Renan est le virtuose qui a le mieux utilisé ces contraires. Quant à Bacon, on n'ignore pas qu'il faisait montre d'un fervent christianisme, tandis qu'il ouvrait au déterminisme ses premières voies. Si Renan a eu des ancêtres en duplicité intellectuelle, aucun philosophe n'a plus de droits que Bacon à figurer parmi eux.

j'écoute sur cette matière, c'est plutôt les témoins, dont parle Pascal, et qui se font égorger.

⁂

Par contre, je puis écouter J. de Maistre. Même son honnêteté lui confère à mes yeux, une sorte de privilège. Avant tout autre examen, elle m'impressionnera d'autre sorte que le dilettantisme des premiers. Chez lui, il n'y a aucune inconséquence entre les paroles et les actes, ni entre les doctrines comparées entre elles. Il sait philosopher comme il sait vivre, religieusement. Il peut lui arriver d'exagérer matériellement le bienfait d'une guerre et de ses calamités, mais il a une intention pure et il espère réellement voir sortir de la catastrophe de grandes améliorations morales et sociales.

Admirez comme sa thèse se déroule sur un plan, qui ne trahit ni la vérité ni l'expérence, mais les unit toutes deux. La guerre y est représentée comme « un département dont la Providence s'est réservée la direction ». Jamais l'homme n'est averti plus souvent et plus vivement qu'à la guerre de sa propre nullité, et de l'inévitable puissance qui règle la marche du monde. Ce que l'on appelle « la décision », surtout, « ce moment solennel où, sans savoir pourquoi, une armée se sent portée en avant, comme si elle glissait sur un plan incliné », est réglé et assuré hors de ses conseils. La statistique peut dénombrer les morts, les blessés, les kilomètres gagnés, les villes prises, les forteresses enlevées d'assaut, elle ne peut pas chiffrer cette force impondérable, qui entraîne tout.

Depuis saint Augustin, ces notions sont familières aux philosophes de la Providence.

Je m'étonne de l'étonnement de la plupart des écrivains d'aujourd'hui sur ce chapitre. M. Vanderpol, discute contre M. Rambaud, la question de savoir si la guerre joue dans le monde un rôle providentiel. Il l'accorde, mais de mauvaise grâce. Qu'il relise le *Contra Faustum*, et dans la *Cité de Dieu*, les chapitres XVI à XXII, et il cessera d'épiloguer sur « le rôle surhumain de la guerre » et sur « le droit divin des batailles ». « Toute victoire, même quand elle échoit à des méchants, humilie les vaincus — innocents par hypothèse — en vertu d'un jugement divin : elle corrige les péchés, ou les punit »... « La divine Providence, dit encore le même docteur, a coutume de corriger et d'user par les guerres, la corruption humaine, comme d'éprouver par de telles épreuves, la vie irréprochable des justes »... La guerre est-elle un bien ? Est-elle un mal ? Nous n'en pouvons juger : « Sait-on à qui est utile ou nuisible, soit la paix pour régner, servir, se reposer ou mourir, soit la guerre pour commander, combattre, vaincre ou se faire tuer. Une chose cependant est certaine : quand c'est utile, c'est grâce à un bienfait divin ; quand c'est nuisible, c'est en vertu d'un jugement divin (1).

Vus sous ce jour, les résultats de la guerre, quels qu'ils soient, sont bons. Bons de tous les côtés à la fois. J'insistais plus haut, et je reviendrait tout à l'heure sur le caractère punitif de la guerre. Il est le principal. Mais il y en a d'autres. L'horrible effusion de sang humain, occa-

(1) Cf. la solide Etude de M. Monceaux sur *Saint Augustin et la guerre*. Paris, Bloud.

sionnée par cette grande commotion, est un moyen terrible ; cependant c'est un *moyen* autant qu'une punition. De ce mal que Dieu permet il tirera un grand bien, faisant servir les causes secondes, avec leurs fautes mêmes, à des desseins de bonté qu'elles ne sauraient envisager elles-mêmes. Dieu, par la guerre, accomplit de grands changements : il défait et refait, il découd et recoud, *il efface, pour écrire.* Les résultats, que nous ignorons, que le savant et l'historien auront de la peine à pénétrer, même après coup, il les prévoit et y travaille avant. Le champ de bataille, au jour voulu, est le théâtre où l'affaire se joue. Les chefs d'armée, bons et mauvais, ont la mission de la réaliser ; ils y arrivent souvent sans le faire exprès ; ils succombent lorsqu'ils y sont arrivés. Les héros en sont les acteurs éblouissants. Les victimes la contresignent de leur sang. Dieu, quand tout est fini, s'y reconnaît et s'y mesure.

« Si une intelligence supérieure avait dit à l'Empereur de Russie, au mois d'octobre 1812 : — Voulez-vous perdre douze provinces, sept millions de sujets, quatre-vingt millions de roubles de revenus, et votre capitale, qui sera brûlée ? A ce prix, je vous donnerai Bonaparte et son armée. — Il aurait dit et il aurait dû dire : Ma foi, c'est trop cher... *Mais la Providence a fait le marché pour lui.* » (Relation au roi Victor-Emmanuel, 354.)

... J. de Maistre, un peu plus loin, à propos des souffrances atroces supportées par les Français dans la retraite de Russie, écrit : « Je crois que jamais Dieu n'a dit aux hommes d'une voix plus haute et plus distincte : C'EST MOI. (Lettre 363.)

... Du reste, « Dieu protège la France », « Dieu

veut le salut par la France ». C'est une certitude pour notre auteur. Elle est tout au long exposée dans le livre des *Considérations ;* qui pourrait aussi bien s'intituler : *Conjectures sur les Voies de la Providence touchant la Révolution et l'Empire.*

« Il y a eu des nations condamnées à mort comme des individus coupables, et nous savons pourquoi. S'il entrait dans les desseins de Dieu de nous révéler ses plans à l'égard de la Révolution française, nous lirions le châtiment des Français, comme l'arrêt d'un parlement. Mais que saurions-nous de plus ? Ce châtiment n'est-il pas visible ? N'avons-nous pas vu la France déshonorée par plus de cent mille meurtres, le sol entier de ce beau royaume couvert d'échafauds, et cette malheureuse terre abreuvée du sang de ses enfants. Jamais le despote le plus sanguinaire ne s'est joué de la vie des hommes avec tant d'insolence et jamais peuple passif ne se présentera à la boucherie avec plus de complaisance... Et l'on ne verra point de désobéissance jusqu'à ce que le jugement soit accompli. »

« Cependant, la France exerce une sorte de magistrature sur l'Europe. Sa langue et son esprit de prosélytisme, qui forme l'essence de son caractère, sont deux fonctions, on pourrait dire « deux bras avec lesquels elles remue le monde ». Si bien que la civilisation ne subsiste que par elle. Le châtiment des Français sort de toutes les règles ordinaires, et la protection accordée à la France en sort aussi. »

Encore une fois je le demande : un philosophe de cette envergure, qui, une fois posé qu'il y a un Dieu Providence, déduit toute l'histoire des choses privées et publiques d'après ce principe, n'est-il pas plus qu'aucun autre dans la logique de sa foi philosophique, quand il expose la morale et les leçons d'une guerre ? Quelques-uns, avons-nous dit, ne peuvent le faire sans contradiction. La contradiction, chez lui, ce serait qu'il ne le fît pas.

CHAPITRE QUATRIEME

La Théologie de la guerre.

Reste le point délicat, et pour ainsi dire sensible de la théorie : *les innocents paient pour les coupables*, vérité de fait, surtout à la guerre, où les meilleurs soldats, c'est-à-dire ceux qui s'exposent le plus sont les jeunes, et par conséquent les moins souillés par la vie, où le guerrier a mission de tuer, sans examen et sans choix, « le plus d'honnêtes gens qu'il peut ».

Joseph de Maistre est touché de la difficulté. Il dit même quelque part qu'il en est « assailli ». Quel songe a-t-il fait ? La Providence, dont il est le défenseur, serait-elle, en fin de compte, indéfendable ? Hélas ! cette promiscuité de l'innocent et du coupable à l'heure du châtiment est si choquante ! Cacherait-elle de la part de Dieu quelque intention inexorable, quelque calcul inique ?

On connaît quelques-uns des arguments de l'opposition. D'abord, le châtiment n'est équitable que s'il atteint la personne même qui a failli. S'il atteint une autre personne, il ne peut pas porter le nom de châtiment, il est autre chose. Châtier l'innocent, c'est faire un barbarisme de justice et de pénalité. Un pareil délire, s'il s'agissait d'un verdict rendu en cour d'assises, ferait rougir de honte des juges humains, tandis que l'opinion du monde s'ameuterait contre eux... On ajoute qu'un tel décret est un encouragement au crime. Le coupable, sachant que Dieu transporte sur l'innocent le poids de ses fautes, et le frappe sans miséricorde à sa place, est tenté de se dépraver sans vergogne, ainsi que beaucoup de luthériens l'ont déduit de l'idée que le Christ innocent avait pris leurs péchés sur Lui... Enfin, quel désordre dans cet univers qu'on dit gouverné ou bien quelle facétie que ce gouvernement ! Une partie de l'humanité gagne où l'autre perd, les excès licencieux de quelques générations sont payés du sang des suivantes. Les premières ignoreront toujours que les secondes payeront, les secondes ignoreront toujours pourquoi elles payent. — N'y a-t-il pas scandale à offrir aux impies de telles facilités de réplique ?

I

Joseph de Maistre essaye d'abord de rompre, d'esquiver le coup en parant. Avec ce ton de certitude infaillible qui lui est propre, il dit : « Qui est-ce qui est innocent ? — Personne »... « Il n'y a point de justes, dans la rigueur du terme, il n'y a que des hommes. » Le juste, ou celui que nous qualifions ainsi, n'est qu'un homme qui n'a pas encore nui. « Croyez-vous, par hasard, que la vipère ne soit un animal venimeux qu'au moment où elle mord, et qu'un homme ne soit vraiment criminel qu'au moment où il commet un crime ? Autant vaudrait croire que le venin de la vipère s'engendre au moment de la morsure. L'occasion ne fait point le méchant, elle le manifeste. » Ainsi les hommes sont tous des coupables cachés, je dis cachés à leurs propres yeux. Il y a en eux des tendances, des activités subalternes, d'où dépend en partie leur destinée. Ces activités façonnent en eux un personnage qu'ils ignorent longtemps, et qu'ils s'appliquent, lorsqu'ils l'ont découvert, à se peindre sous un jour mensonger. C'est cet hôte voilé que Dieu voit et que, par avance, il châtie. « Vous qui reprochez quelquefois à la providence ses lenteurs dans la punition des coupables, allez-vous maintenant accuser cette bienfaisante célérité ? »

⁂

Je doute que cet argument, purement intellectuel et scolastique, soit de nature à apaiser nos révoltes. Je craindrais plutôt qu'il ne les envenime.

Nous sommes d'accord avec l'auteur des *Soirées* quand il dit qu'il n'y a pas d'hommes absolument innocents, c'est-à-dire innocents au sens absolu du mot. Mais ce n'est pas de cela qu'il est question. Si méchante que soit notre nature dans son fond, tout le monde convient qu'il y a des hommes bons et des hommes mauvais. Même si tous les humains sont des vipères — ce qui est bien un peu exagéré — ce ne sont pas les mêmes vipères. Une bonté relative suffit à établir des rangs et une hiérarchie dans la société des criminels que nous sommes. Au témoignage de l'Evangile il y a, sur cette terre, des doux, des humbles, des purs, des détachés, des pacifiques, des miséricordieux, des amants de la justice. Ne sont-ce pas là des bons ? Et ainsi la difficulté est reculée, elle n'est pas résolue. Il faut toujours dire pourquoi ces doux, ces humbles, ces purs payent pour les violents, les luxurieux et les superbes ?... Quant à prétendre que, si Dieu est lent à punir les méchants, il se rattrape en châtiant les bons avec « une bienfaisante célébrité », c'est une plaisanterie un peu énorme, avouons-le, et une quasi-mystification. Le grave Joseph de Maistre veut trop devoir au talent. Il joue la difficulté et veut faire rendre aux mots l'impossible.

II

Tout autre, et de tout autre portée est la série de raisons théologiques dont il appuie son idée favorite : *Le juste, en souffrant volontairement, ne satisfait pas seulement pour lui, mais pour les coupables par voie de réversibilité.* Ici vraiment tout porte. Joseph de Maistre est l'émule de Bossuet et de saint Augustin.

Le Christianisme nous a révélé que Dieu veut bien accepter les souffrances du Christ comme une expiation des péchés du genre humain. C'est ce qui nous porte à croire — comme l'humanité a eu toujours des pressentiments de cette vérité — premièrement que l'homme trouve sa régénération dans le sang, et deuxièmement qu'une âme peut être sauvée par une autre.

Sur ces deux points, voyons tour à tour le *Modèle* et la *Copie :* Jésus-Christ mourant sur la Croix, et le juste mourant dans les affres de la bataille.

LE MODÈLE

— « Nous sommes justifiés dans le sang de Jésus, dit saint Paul... » Nous avons la rédemption par le sang et il n'y en a pas d'autre : *sine sanguinis effusione non fit remissio.* Les fouets de la flagellation, la couronne d'épines, les clous, la croix sont les instruments de notre salut. Les vraies larmes versées, le vrai sang qui ruisselle, cette face exterminée, ce corps pantelant, c'est cela même qui nous rachète et nous sauve. « Jésus nous a réconciliés dans le corps de sa chair, par la mort, pour nous constituer saints et sans tache et sans reproche devant lui. »

De plus Jésus-Christ nous fait un devoir, pour nous assurer une plus grande miséricorde, de communier à sa chair et à son sang. Celui qui refusera de s'en nourrir ne vivra pas... Cette chair, perpétuellement immolée, est présentée à notre bouche dans sa mystérieuse intégrité. « Plus rapide que l'éclair, plus vif que la foudre, le sang *théandrique* pénètre les entrailles coupables pour en dévorer les souillures. Il arrive jusqu'aux confins inconnus, où se heurtent l'Instinct et l'Esprit, il s'en empare, et les transforme sans les détruire. »

Ce que Jésus fait là, il le fait *volontairement*, Son oblation est une offrande spontanée et amoureuse. *Oblatus est, quia ipse voluit.* « Il se fait péché pour nous. » Il s'est approprié, par libre choix, la honte et a pris à son compte les malédictions attachées au péché. *Eum qui non noverat peccatum, pro nobis peccatum fecit.* Il est bouc émissaire de son gré. Ce saint, ce pur, en qui les pharisiens eux-mêmes ne trouvaient pas une tache, s'est apparenté définitivement à notre nature coupable. La puissance de l'amour qui l'éclaire lui a fait sentir, lui a fait vouloir son unité essentielle avec l'humanité. A cause de quoi, dit Pascal, « il sera en agonie pour nous jusqu'à la fin du monde ».

L'artifice de miséricorde caché sous ce dévouement du Fils de Dieu saute maintenant aux yeux. C'est parce que Jésus-Christ sait qu'il sera, devant son Père, hostie agréable et d'une odeur suave, qu'il a pris ce rôle de médiateur. Sa parfaite innocence doit désarmer le Juge suprême et paralyser ses représailles. Sa pureté est si belle, si riche d'aspects au regard d'un Dieu très saint ! Elle est de plus si touchante maintenant qu'elle est accablée de malheurs étonnants et immérités ! Une intervention de ce genre ne tombe pas dans le vide. Et au contraire, elle doit modifier, rectifier même complètement les fatalités. Dieu ne verra plus son Fils sans voir l'Homme-Dieu. Il ne verra plus l'Homme-Dieu sans voir les hommes. Il ne verra plus son Fils et les hommes sans étendre le pardon de l'un aux autres. De leur côté, les hommes, élevés à la dignité de frères du Sauveur, s'honoreront de souffrir avec lui, de se repentir en lui de leurs crimes, d'être avec lui victimes propitiatoires.

Merveilleux cas de solidarité ! Nous voyons ici ce que vaut l'individu pour l'espèce. L'espèce n'est pas une abstraction, l'individu n'est pas une unité isolée. L'espèce ne possède aucune existence à part. L'individu n'est pas un monde clos. De Jésus à sa famille humaine adoptive il y a des échanges mystérieux : les disgrâces sont communes, les faveurs et les mérites aussi.

Quelques gouttes de sang tombées du cœur du divin Patient sur le front de l'un de nous : ce sang a baigné la race et lavé le monde.

LA COPIE

Par son immolation volontaire, le Christ a révélé à tous le caractère illusoire de nos justices terrestres, le mirage de nos législations et de nos pénalités. D'autre part il a ôté à la mort son aiguillon en nous initiant aux splendeurs de la rédemption d'autrui. Dire : l'innocent est sa fin à lui-même, il ne saurait être confondu avec les hommes moins bons que lui ; ajouter : à raison de son innocence il sera préservé du malheur, tandis que le coupable ne connaîtra que les larmes ; ... cela n'a pas de sens dans une civilisation où la Charité passe la Justice.

Pareillement, selon notre foi, nous devons priser la justice elle-même, non d'après la balance des punitions qu'elle distribue, mais d'après les satisfactions qu'elle reçoit. Nous venons de le dire : un coupable que l'on punit ne satisfait pas comme un innocent qui s'immole... Or, à la suite du Christ, le juste se sent attiré par une invincible nostalgie vers ces dévouements fous « où l'on restitue ce que l'on n'a pas volé, « où l'on paye ce que l'on ne doit pas. » Loin de se révolter contre la nécessité de se charger des péchés de leurs frères, les meilleurs parmi nous y trouvent une sorte de joie. Cette gloire de la souffrance n'a perdu son attrait que sur les âmes desséchées, ou sur celles que l'orgueil aveugle.

Personne ne conteste au demeurant qu'il soit cruel à notre chair que notre chair soit ainsi traitée. En un sens même on excusera les involontaires réactions qui échappent à la nature, quand elle se sent frappée de cette manière, en apparence injuste. Ce n'est pas en vain que l'esprit s'habitue à une logique terre à terre, où les délices de la vie prévalent de droit sur la mort, même sublime. Aussi lorsque cette table épicurienne des valeurs se renverse, l'esprit, un instant stupide, ne se retourne pas aussi vite qu'elle. Et nous gémissons, et nos amis gémissent avec nous, non sans un certain ressentiment.

Cependant, il faut bien se rendre aux évidences surnaturelles. Lorsque l'apaisement s'est fait et que les larmes sont séchées, nous avouons tous trouver un honneur et une consolation dans la mort de ce juste qui nous était cher, tandis que nous tenons pour indifférente la mort d'un coupable, et de tous les coupables. Les contemporains de Jeanne d'Arc voyaient surtout l'iniquité de son sort, nous en voyons surtout l'incomparable grandeur. Est-ce nous qui jugeons mal ?

***

Veut-on à présent appliquer ceci à nos innocentes victimes de la guerre ?

Avant la bataille, voyez ces justes : ils ne tirent pas argument de leur innocence pour s'y soustraire. Où serait leur générosité si la chance devait fatalement les favoriser ? S'ils escomptaient sur le champ de combat une manifestation divine en leur faveur, où serait le mérite de leur sacrifice ? « Quelle âme oserait même se dire bonne si la récompense était sûre ? » Savoir qu'ils risquent de succomber comme les autres, c'est pour eux une éventualité d'honneur et presque un besoin de leur conscience... Et quand ils sont frappés, couchés sans privilège à côté d'hommes quelquefois très mauvais, ce n'est pas à eux, c'est surtout à Dieu de faire la différence.

Les méchants, que la guerre a abattus, paient ce qu'ils doivent, ils soldent un compte qu'ils ont librement ouvert. La justice divine en est touchée et ceux-ci peuvent l'espérer satisfaite. Mais près du martyr qui a donné son sang innocent à la même cause, quelle explosion de respect et de reconnaissance, quel concours des puissances spirituelles ! « Dieu, dit l'Ecriture, regarde son visage ; Il contemple ses mains et ses pieds ; Il épie son souffle ; Il l'appelle par son nom. » N'est-il pas l'image, amoindrie sans doute, mais reconnaissable pourtant, de son Christ ? Comment ne l'aimerait-il pas ? Comment n'aurait-il pas pour agréables ses souffrances qui paient avec surabondance ?... Ce martyr a aussi les louanges et la sympathie des anges, ses compagnons invisibles... Et nous, près du tertre funéraire où il repose, nous sentons son contact spirituel nous ennoblir : le plus beau, le meilleur de notre âme s'alimente à cette source de lumière...

Il faut le répéter encore ; l'unanimité des suffrages témoigne de l'excellence de cette mort. C'est donc par inadvertance, ou par de mauvaises suggestions de l'instinct, ennemi de l'idéal, que nous avons paru lui préférer la stricte justice.

***

Je ne me suis pas écarté de la thèse de Joseph de Maistre en la défendant. Lui-même fournit tout le principal de ce parallèle que je viens d'établir. Entre le *Modèle* et la *Copie*, il trouve ce qu'il appelle « des caractères différemment semblables ». Les deux rédemptions, ajoute-t-il, ne diffèrent point en nature, mais seulement en excellence et en résultats, suivant le mérite et la puissance des agents. » Et au risque de tomber dans quelque équivoque, insupportable à de vrais théologiens, il dit « qu'elles ne peuvent différer que comme des figures géométriques semblables, qui sont toujours telles, quelles que soient leurs différences de dimensions (1). Il y a entre les deux la plus belle des analogies. L'homme coupable ne pouvant être

(1) Un vrai théologien dira : « Pour avoir une valeur surnaturelle, la mort du soldat innocent doit être surnaturalisée. » Ainsi l'ont compris les prêtres brancardiers et les aumôniers du soldat. Ils font effort pour se trouver auprès des blessés agonisants. Et là, au lieu de leur persuader que leur mort, à elle seule, a des fruits surnaturels, ils tâchent de leur inspirer des sentiments qui en transforment surnaturellement la valeur. Si cela est possible, ils les confessent. A tout le moins, ils leur font faire l'acte de contrition parfaite, et l'acte d'abandon à la sainte volonté de Dieu. Enfin ils leur font offrir leur vie pour la rédemption de leur pays.

Cependant ces précautions des prêtres, soucieux d'assurer le salut de ces soldats, n'ôtent pas leur vraisemblance aux présomptions que suggère la belle thèse de Joseph de Maistre.

absous que par le sang des victimes, « là où il y a débordement de crimes, il faut que le sang coule et déborde ». Jésus-Christ a ouvert les voies aux seules réparations de ce genre qui soient vraiment efficaces : les fruits de sa mort sont infinis. Cependant les fléaux divins, la maladie, la peste, la révolution et par-dessus tout la guerre, ont à leur tour amené le rachat et le relèvement de plus d'un peuple.

Notre auteur conclut : « C'est une merveille inconcevable, mais en même temps plausible, qui satisfait la raison en l'écrasant. Il n'y a pas dans tout le monde spirituel une proportion plus frappante d'intentions et de moyens, d'effet et de cause, de mal et de remède. Il n'y a rien qui démontre d'une manière plus digne de Dieu ce que le genre humain a toujours confessé, même avant qu'on le lui eût appris : sa dégradation radicale, la réversibilité des mérites de l'innocence en faveur du coupable, et *le salut par le sang.* »

⁂

J'ai surpris, dans une courte phrase d'un des critiques de Joseph de Maistre, le secret des répugnances de tant d'auteurs, je ne dis pas à approfondir, mais seulement à aborder l'examen de ces hautes idées. M. Lagorgette dit de l'auteur des *Soirées*, qu'il a « la manie de voir partout du caché et du surnaturel » (p. 448).

Les penseurs désintéressés s'expliqueront difficilement ce propos désinvolte. Car ou bien ce savant et ses pareils ne veulent voir de surnaturel nulle part ; et dans ce cas, c'est le droit d'un Joseph de Maistre de les tenir pour incapables de rien connaître. Ou bien ils font au surnaturel sa part ; et dans ce cas c'est encore Joseph de Maistre qui a raison contre eux : s'il y a en effet du surnaturel dans le monde sur un point, il y en a partout.

TABLE DES MATIÈRES

Pages

---

369. — Imprimerie Artistique « Lux », 131, boulevard Saint-Michel, Paris.

BLOUD & GAY, Editeurs, 7, place Saint-Sulpice, Paris (6e)

"PAGES ACTUELLES"

1914-1916

Nouvelle collection de volumes in-16 — Prix : 0 fr. 60

N° 81. **La Défense de l'Esprit français,** par René DOUMIC, de l'Académie française.

N° 82. **La Représentation nationale au lendemain de la paix.** *Méditations d'un Combattant.*

Nos 83-84. *Une Victime du Pangermanisme.* **L'Arménie martyre,** par l'Abbé Eug. GRISELLE.

N° 85. **Les Mitrailleuses,** par Francis MARRE.

N° 86. **France et Belgique.** Ce que les Allemands voulaient faire des pays envahis. Ce que nous ferons d'eux, par M. DES OMBIAUX.

N° 87. **Lettres d'un soldat.** Léo LATIL (1890-1915).

N° 88. **La place de la Guerre actuelle dans notre Histoire nationale,** par Camille JULLIAN.

N° 89. **Du Subjectivisme allemand à la Philosophie catholique,** par Mgr DU VAUROUX, évêque d'Agen.

N° 90. **« Kultur » et Civilisation,** par George FONSEGRIVE.

N° 91. **Angleterre et France,** *Fraternité en guerre, alliance dans la paix,* par Sir Thomas BARCLAY.

N° 92. **La Hongrie d'hier et de demain,** par André DUBOSC.

N° 93. *Un peuple en exil.* **La Belgique en Angleterre,** par Henry DAVIGNON.

N° 94. **Les armes déloyales des Allemands,** par Francis MARRE.

N° 95. **Toute la France pour toute la Guerre,** par Louis BARTHOU.

Nos 96-97. **Le Jugement de l'Histoire sur la Responsabilité de la Guerre,** par Tommaso TITTONI.

N° 98. **Le Paradoxe célèbre de Joseph de Maistre sur la Guerre,** par Clément BESSE.

N° 99. **Quatre discours et une Conférence,** par Adrien MITHOUARD.

369 — Imprimerie Artistique « Lux », 131, boulevard Saint-Michel, Paris

www.ingramcontent.com/pod-product-compliance
Ingram Content Group UK Ltd.
Pitfield, Milton Keynes, MK11 3LW, UK
UKHW021011180726
13838UKWH00004B/1513

9 782019 926731